다소 낭만적인 질문

윤성관 시집

시인동네 시인선 239   윤성관 시집

다소 낭만적인 질문

시인동네

시인의 말

산에 오릅니다.

매미가 울고 풀벌레가 울기에
목청껏 따라 울어봅니다.

발걸음이 무겁습니다.

기억 속
당신의 몸짓과 목소리는
또렷한데

당신의 언어를 타고 가벼이 나는 날
오기나 할까요.

2024년 9월
윤성관

차례

시인의 말

제1부

기립성 저혈압 · 13

오래된 슬픔 · 14

이별 이후 · 16

기쁘거나 슬프거나 · 18

달구벌 · 20

여덟 살 · 21

사막 도마뱀 · 22

캘리포니아 드리밍 · 24

오리 세 마리 · 26

어떤 사내 · 28

오월 · 30

낙엽 · 31

통풍(痛風) · 32

호반을 걸으며 · 34

미안한 마음 · 36

제2부

고뿔 · 39

마트에 다녀와서 · 40

그리마 · 42

낙성대역 · 44

다듬이질 · 46

괜찮습니다 · 48

이태원 · 49

명동성당을 지나며 · 50

오송(五松) 오 년 · 52

최면에 걸리다 · 54

어느 하루 · 56

여자의 눈물 · 58

환어횟집 · 60

저녁놀이 호수 깊이 빠져들던 날 · 62

제3부

꽃댕강나무 · 65

멸치 · 66

미련 · 68

노상 방뇨 · 70

말뚝망둥어 · 71

백수와 눈치 · 72

보고 싶었습니다 · 74

백내장(白內障) · 76

변한 것은 없다 · 77

은퇴의 효능 · 78

자반고등어 · 80

황복(黃鰒) · 81

젖은 꿈 · 82

풀벌레 · 84

제4부

께름칙하다 · 87

남한산성 · 88

능소화 · 90

다보탑 · 91

로버트 팰컨 스콧 · 92

딱따구리 · 94

몽당연필 · 95

약속 · 96

사랑의 불시착 · 98

살구 · 99

시창작교실 · 100

손편지 · 102

우리의 소원은 통일 · 103

오늘도 · 104

다소 낭만적인 질문 · 106

해설 다소 낭만적인 질문에 대한
　　　다소 낭만적인 답변 · 107
　　　　장예원(문학평론가)

제1부

기립성 저혈압

일어서려고 하는 순간

머릿속 퓨즈가 예고 없이 끊어지며

세상은 암전(暗轉)되고

뿌리 뽑힌 채 말라가는 나무 사이를 엉금엉금 기어

숲을 헤쳐 나오면

침대 머리맡에서 슬픔이 물끄러미 내려다보곤 했어

추위도 곁불 가까이 다가가지 않고

더위도 그늘을 찾아 두리번거리지 않은 채

두 다리 꼿꼿이 세워 살아온 생,

어느 날 새 한 마리가

진화(進化)의 열쇠를 훔쳐 날아간 뒤

볏짚이 되어 드러누운 채

텔레비전 속 세상을 배회하는 동안

더 이상 새들을 찾으려 하지 않았어

또렷이 느낄 수 있어

퓨즈를 이어보려는 미련을 잠재우며

침대 아래로 무럭무럭 뻗어가는

슬픔의 뿌리를

오래된 슬픔

슬픔 하나가
풀벌레 울음소리에 실려 와
명치끝을 누르고 코끝을 찌르다가
심장에 대롱대롱 매달려 있는
묵은 슬픔에 기댄다

오래된 슬픔은 철조망 너머
팬티차림으로 구타당해 늘어진 한국군 곁에 있었고
짙게 화장하고 미군의 목덜미를 기다리는
젊은 여인들과 골목을 서성거렸다
삐라를 뿌리고 구호를 외친 뒤
불을 안고 옥상에서 뛰어내린 젊은이에 대해
슬픔은 더 이상의 증언을 거부했다
살아남은 자는 늘 비겁했다 손바닥 뒤집듯 표정을 바꾸고
거짓과 위선으로 썩은 내를 숨긴 채
앞만 보고 종종걸음치는 그들이 지네 발처럼 징그러웠다
 알레르기를 일으키는 물질처럼 가짓수도 정체도 알기 어렵
지만

슬픔은 고깃덩어리가 목구멍에 걸리도록 심술을 부리거나
기회의 순간에 발기부전을 일으키는 죄의식 같은 것이었다
슬픔은 통과의례로 포장하거나
기쁨과 섞어 희석할 수 없으므로

심장에 대롱대롱 매달려 숙성되지만
결코 피와 살이 될 수 없는 슬픔,
몸통을 실에 묶어 날려 보낸 잠자리처럼
죽어서야 벗을 수 있는 슬픔이
너무 오래 살고 있다

이별 이후

어항 속 두 마리 물고기가 죽었다
그날 이후 몸에 두드러기가 돋더니
슬퍼할 겨를도 없이 봄날이 지나갔다
아침에 일어나 가고 싶은 곳이 없었으므로
수선을 떨지 않아도 되는 나날이었다
소파에 앉아 거실 밖을 바라보는 것이
오래된 행동처럼 자연스러워졌다
안부 전화가 뜸해지며 하루가 조금 더 길어졌을 뿐이다
헤어짐을 언젠가 겪어야 할 통과의례라고 위안하며
스스로를 초라하게 하기는 싫었다
유월에도 황사가 찾아와 나무와 꽃의 안부를 알 수 없었다
여름 황사는 이별만큼 힘들었지만
사람들은 아무렇지 않은 듯 거리를 활보했다
일몰이 황홀한 안면도의 펜션이 자주 떠올랐고
펜션에 대한 그리움으로 하루가 조금 더 어두워졌다
남은 생이 어서 지나가길 기도하는 가을 내내
헛바늘이 돋고 다리가 후들거려 밖으로 나갈 수 없었다
거울 속 사내는 외로움을 너무 쉽게 들켜버렸으므로

날이 갈수록 오줌 누는 일조차 괴로워졌다

두 마리 물고기가 죽은 뒤
비어 있던 어항으로 겨울이 기웃거렸다
눈이 내리는 날에는 종일 비린내 같은 것이 목구멍에서 올라왔고
눈의 무게만큼 하루가 조금 더 무거워졌다

기쁘거나 슬프거나

지난 시즌 펄펄 끓던 경기장을 회상하는
팬의 눈빛을 느낄 때마다
당신의 햄스트링은 팽팽한 긴장으로 잠 못 이루겠지만
뼈를 갈아 넣은 당신은 승자입니다

스프링클러가 냉각수를 뿌린 뒤 쇳물이 부어지고
에너지와 에너지가 부딪치는 동안
환호와 탄식이 교차하는 푸른 용광로는
구십 분 내내 들끓고

지구 반대편에서 이는 홍염(紅焰)의 열기가
눈의 실핏줄을 터트린다 해도
당신의 서포터즈로서 그것은 내가 감당할 몫입니다

간혹 아크로바틱 하거나 우스꽝스러운 몸짓으로
서커스의 피에로처럼 보이기도 하지만
두 손을 묶이고도
누의 목덜미를 노리는 사자의 눈빛,

쇳물이 빠진 용광로가 침묵으로 빠져들 때
기쁘거나 슬프기만 할 뿐
아무도 고개 숙이지 않을 것이므로 패자는 없습니다

이름과 등 번호가 보이도록 저지를 걸어놓고
용광로가 다시 들썩일 날을 손꼽는 팬이 있는 한
공은 굴러야 합니다
기쁘거나 슬프거나 휘슬은 울려야 합니다

달구벌

그녀는 아무 언질도 없이 떠났다
내 마음속 들판에 가꿔 놓은 사과나무마다
꽃향기 진해도
이젠, 나비 한 마리 얼씬거리지 않는다
팔공산 골짜기 어느 오두막집에서
오래된 일기를 그녀는 눈물로 지우고 있을 것이다

머지않아 사과꽃 지고
꽃향기의 기억도 묻히고 나면
내 영혼의 소실점 달구벌은
나무 한 그루 자라지 않는 황무지가 되고
수성못 둑길에서 수줍던
손바닥 온기만 남아 있을 것이다

여덟 살

윗목 자리끼에 살얼음이 앉은 아침
낡은 더블백을 둘러멘 아버지는 걸음을 재촉했고
어머니는 내 손을 움켜쥔 채 아버지 뒤를 쫓았다
군부대 앞에서 암호 같은 몇 마디가 찬 공기를 얼리자
언제 돌아오냐는 내 물음은 목구멍에 걸려 버렸다
삶은 다짜고짜 구타당한 졸병처럼 축 늘어졌다
어머니는 뜨개질하다가 생각에 잠기다가
밤에는 공부 타령으로 가시 철조망을 둘러쳤다
꽁보리밥은 허기를 달래기에 턱없이 부족했지만
애늙은이는 걱정거리를 주머니에 꽁꽁 숨겼다

군부대 앞 단칸방에 살던 겨울,
올이 성근 털목도리를 두른 여덟 살에게
한랭전선은 유난히 차가웠다

사막 도마뱀

고비사막에서 당신을 보았습니다
돋보기를 가져오지 않았지만
당신을 찾는 데 오랜 시간이 걸리지 않았습니다
지난날을 구구절절 변명하지 않으려는 듯
입술 앙다문 채 네 발로 흙을 움켜쥔 모습에서
바위를 태워 날릴 듯한 햇빛과 흙바람에 맞서 온 길이 보였습니다
가도 가도 끝이 보이지 않는
방향조차 분간할 수 없는 길 위에서
채찍 같은 꼬리를 내줘야 한 적 있는지
별빛 내리는 적막은 얼마나 시린 것인지
조곤조곤 묻고 싶었지만
째진 눈매에 스며 있는 푸석푸석한 허무와 마주쳤을 때
부질없는 짓이란 걸 알았습니다
마음조차 한 줌 나누지 않고 신기루만을 찾아 헤매던 날들,
다른 이가 쌓아 올린 어워*를 돌고 또 돌며
오직 몸뚱이의 안녕을 기원하는 목구멍으로
뜨끈한 무언가 치밀고 올라와

지평선으로 눈을 돌리고 말았습니다

※어위: 몽골에 있는 돌무더기. 어위를 만나면 돌을 쌓고 주위를 돌며 소원을 빈다. 우리나라의 서낭당과 비슷하다.

캘리포니아 드리밍[*]

으리으리한 집의 잔디마당이 보이는
북한산 등산로를 걸으며
교실 맨 뒷자리에서 시린 발바닥을
번갈아 발등으로 옮기던 아이를 생각한다
아버지의 직업과 가전제품의 가짓수와
사는 동네의 공기를 들켜야 하는
가정환경조사서를 받아 책가방에 구겨 넣고
잿빛 하늘을 걸어 집으로 가는 길
전파상의 흑백텔레비전에서 본 캘리포니아는 지상의 낙원
최루탄을 피해 교내 도서관 구석에 웅크리고 앉아
졸업할 날을 손꼽던 젊은이를 생각한다
늦은 밤 아버지를 따라 들어오던 깡마른 피로가
종일 머릿속을 떠나지 않는 젊은이에게
캘리포니아는 너무나 먼 곳

으리으리한 담벼락은 높아만 가고
울타리를 치고 줄 세우는 데 혈안인 인간들 틈바구니에서
얼마나 자주 울타리를 기웃거리고

권력에 무릎 꿇으며 아무렇지 않은 듯 웃어야 했던가
  캘리포니아 하늘을 떠올릴 때마다 열병 도지던 날은 가고 없다
  나를 가두었던 벽은 허물어지고
  그리움으로 포장했던 욕망도 온데간데없다

최고의 날들은 아직 살지 않은 날들,**
말라비틀어진 시구(詩句)를 중얼거리는 지금
캘리포니아는 죽었다

---

*1965년 The Mamas & Papas가 발표한 노래.
**튀르키에 시인 나짐 히크메트의 시, 「진정한 여행」에서 가져옴.

오리 세 마리

모두 떠났을 거라 생각했는데
춘분 저녁 어스름에 호수로 내려앉는 오리 세 마리,

 모두 암컷일 거야
 떠도는 수컷 서너 마리 있을 거라는 소문을 믿고
 알음알음 의기투합한 것일지 몰라

 한 마리가 살짝 떨어져 있는 걸 보니
 커플 곁에 암컷 하나가 막무가내로 치근대는 것일 수도

 한 마리만 암컷일 것 같지는 않아
 암컷 하나 때문에 피 튀긴 역사가 차고 넘치지만
 그건 무리를 이루었을 때 이야기
 수컷은 유전자를 퍼뜨려야 한다는 사명에 사로잡힌 족속인데
 암컷 한 마리만 보고 남지는 않았을 테니

 모두 수컷일 가능성은 없다고 봐야지

사자 같은 맹수 말고, 무리에서 버림받은 수컷 말고
수컷이 셋 이상 모여 사는 것을 본 적이 없으니

어둠이 오리를 숨길 때까지
성별을 궁리하느라 안드로메다까지 다녀온
호모 사피엔스 수컷 하나

어떤 사내

초점 맞추는 능력을 잃었는지
세상을 외면하고 살고 싶은 것인지
똑바로 바라볼 때마다 시선을 피해 흔들리는 눈동자
그 사내와 하루에도 열 번씩 마주친다
구부정한 뒷모습을 보이지 않으려고
정면으로만 대하는 사내,
한쪽으로 기울고 좁아진 어깨가
고집스럽게 한 방향을 보며 살았다는 것을 말해준다
나는 안다, 화가 난 듯 앙다문 입술이
잃어버린 꿈을 들키지 않으려는 안간힘이라는 것을
미간의 주름에서 외로움이 묻어나는 사내,
발그레한 얼굴로 별자리 찾던 어린 시절을
기억하지 못하는 사내,

불 땐 지 오래된
아궁이 같은 몸뚱이를 물끄러미 바라보면
어색해진 사내가 입을 달싹이지만
슬픔은 입술 언저리를 벗어나지 못하다가

미안해,

속삭이는 순간

눈물 글썽이며 거울 밖으로 나가버린다

오월

무자비한 총칼에
시민의 함성이 갈가리 찢길 때
무등산은 피울음을 삼켰습니다

모난 슬픔은
얼었다 풀리고 다시 얼었다 풀리며
이팝나무꽃 흐드러져도
눈물 흘리지 않았습니다

용산에서 부는 무도(無道)의 바람이
슬픔을 흔들어 깨웁니다

다시,
오월입니다

낙엽

제멋대로 흩어진 낙엽 위로
빗방울이 떨어지기 시작한다

한평생 일만 하느라
꿈 한번 주머니에서 꺼내 보지 못한 노인처럼
벽을 보고 모로 누워 뭔가를 골똘히 생각하는 굽은 등처럼
낙엽은 눈을 감은 채 말이 없다

풀숲에 걸린 뱀 허물처럼
어김없이 맞이한 배신의 시간,

빗물의 힘으로 가슴을 펴려고 안간힘 쓰는 낙엽이
축 처진 어깨로 우산 받쳐 든 내게
입술을 달싹거린다

똑바로 바라보게
푸르름의 끝, 비 그치면 흩어질 몸뚱이를

통풍(痛風)

겨울바람을 피해 방에 틀어박힌 채
TV 만화극에 정신이 팔려
밤새 일하고 돌아온 아버지를 본체만체한 날,
그때 처음 알았어
세상에는 아픈 바람도 있다는 것을
몸뚱이에 잠자고 있던 상처를 덧나게 하는,
다짜고짜 두꺼비집을 내리게 하는,
그런 바람 말야

그날의 바람은
오랫동안
아버지를 어두운 방에 가두었고
뼈마디마다 뾰족한 통증을 키웠어
나는 아버지의 뒷모습을 훔쳐보며
바람의 무게를 가늠해 보곤 했지

그 바람이 불어올 때마다
바늘은 날카롭게 곤두서서

모스부호처럼 뼈마디를 찌르며
찌릿찌릿한 옛일을 떠올리게 했지

한 치의 어긋남 없이
연민의 정수리에 꽂히곤 했지

호반을 걸으며

아무런 맥락도 없이
우리는 세상에 툭, 던져졌다

힘든 하루를 보낸 날은 호수 둘레를 걸으며
흔들리는 갈대를 바라보면 된다
삶은 고단하고 끝은 공평한 것,
호수에 한가로이 떠 있는 청둥오리도
언 논바닥에서 웅크리고 긴 밤을 견뎌야 한다
어제는 터무니없이 아름답게 기억되는 것,
애써 되짚으려 하지 말고
내일은 꽃이 필 것이라 믿으면 된다
아등바등할수록
고여 있던 슬픔이 몸 구석구석으로 퍼져
남은 날들을 누추하게 만들 것이다
바닥의 깊이를 예측하지 않는 물고기처럼
우리는 그렇게
가볍디가벼운 존재로 살아가는 거다

어딘가로 다시
툭, 던져질 때까지

미안한 마음

산을 내려오다가 만난
살모사 두 마리,
서로 엉켜 살 비비고 있었다

등뼈를 타고 소름이 돋으며
엉거주춤하는 사이
한 마리는 숲으로 달아나고
한 마리는 똬리를 튼 채 핏발선 눈으로 혀를 날름거렸다

그대, 교미하려던 찰나였는가
진정하시게
세상을 떠돌다 보면
훼방꾼을 만나 일을 그르치고 뒤척이기도 하는 법

내 훼살질에 절호의 기회를 날렸다고 생각하겠지만
그리움 하나 문신으로 새긴 오늘,
생을 몇 바퀴 돈 뒤에도
아름다운 날일 걸세

제2부

고뿔

임팔라 수컷끼리
뿔을 부딪치는 것을 보니
시도 때도 없이 고뿔에 받혔던 때가 생각난다
어머니가 약국에서 지어온 가루약을 먹고
이불을 뒤집어쓴 채 땀을 흘리면서
은하철도를 타고 날아갔다 오면
날카로운 뿔이 한 뼘씩 높아졌는데

어디에 부딪치고, 깨지고 닳았는지
손가락만 한 뿔조차 만져지지 않는 요즘
고뿔의 기억을 괜히 꺼냈다 싶어
슬그머니 서랍장에 밀어넣는다

마트에 다녀와서

토요일 오전마다 마트에 간다
사바세계는 미세먼지로 숨쉬기 불안하고
초파일이 한참이나 남았는데
먼지를 뒤집어쓴 연등이 거리에 늘어져 있다
마트의 주차장은 지역특산물을 파는 천막들로 어수선하다
곳곳에서 미끼 물건을 두고 아귀다툼이 벌어지고
폭탄세일 물건을 사려는 이판사판 육탄전이 가관이다
배고픈 중생들로 야단법석인 마당,
팔열(八熱)지옥 같은 전기화로를 돌며
통닭이 참회의 눈물을 흘리고 있다
쫓기듯 장을 보고 계산대 앞에 서자
한 여인이 결제 카드의 할인 여부로 실랑이 중이다
일각(一刻)이 삼추(三秋) 같은 아내가
젊은 여인 뒤에 눈치 없이 줄을 섰다며 눈치를 준다
마트 밖 비둘기 무리는 공양하느라 여념이 없고
기둥에 묶여 짖어대는 푸들의 목구멍에서
시주함으로 동전 떨어지는 소리가 난다
집으로 돌아와 해우소에 앉으니

창 너머에서 새들이 경전을 송(頌)하는데
꾸르륵 꾸르륵, 숙변의 번뇌가
끝없이 깊다

그리마

그를 만나면 돈이 생긴다는 속설,
돈벌레라는 이름은 터무니없다
혐오스러운 외모가 유일한 무기일 뿐
딱딱한 등껍질도 무시무시한 독도
몸을 동글게 말고 죽은 척하는 뻔뻔함도 없다
밟히면 찰나에 뭉그러질 몸뚱이,
집을 나서면 사방은 까마득한 벽
흉한 몰골을 숨기기에는 흐린 날이 좋았다

산다는 건
지뢰가 묻힌 곳을 눈 감고 뛰는 일
오로지 자비를 빌며
가늘고 긴 다리로 노 저어
후미진 곳을 기고 벽을 넘어야 했다

더듬이 허연 돈벌레가
곰팡이 핀 벽을 기어오른다
병들어 잃고, 천적에게 떼어주고 남은 열두 쌍,

흉터투성이 다리가
위태롭다

낙성대역

전화를 받지 않는
여자를 생각하다가 내린 지하철
핼쑥한 사람들을 바꿔 태우고
볼품없는 몸뚱이를 어둠 속으로 밀어넣는다

5번 출입구 앞에서 바라본 고갯길이
골똘한 밤을 지나온 사내의 얼굴처럼 푸석하다
붉은 벽돌 건물을 지나 언덕을 넘으면
장미원 아파트, 아직 그대로 있을까

스치기만 해도 빨간 물이 들 것 같은
장미꽃 울타리 아래
삐걱거리는 의자 끝에 걸터앉아 불안해하는 사내를
누이처럼 타이르던 여자

전화를 받지 않는 여자를 생각하며
지하철을 기다린다
한 번도 근사하게 서 있지 못했던 플랫폼,

누군가 말을 걸어오면
울어버릴 것 같다

다듬이질

다듬잇돌 앞에
그녀가 양반다리로 앉아 있다
지나온 일을 인정하고 싶지 않은 듯
빳빳이 고개를 쳐든 광목,
그녀도 처음에는 그랬을 것이다
후줄근한 모습을 들키기 싫어 뻗대던 시간
남몰래 눈물도 흘렸을 것이다
한 손으로 가장자리를 잡고
천천히 방망이질을 시작한다
헐거워진 날실과 씨실 같은 삶은
우격다짐으로 위로받을 수 없다는 것을
그녀는 안다
쭈글쭈글한 자신감이 조금씩 펴지자
자세를 고쳐 앉은 그녀,
방망이를 그러쥔 채 광목을 두드린다
다듬잇돌과 방망이 사이에서
팽팽한 긴장을 되살린 광목은
실에 꿰어 다른 추억을 쌓아가다가

주름 깊어져 돌아와서는
옛일을 까마득히 잊은 채
다듬잇돌 앞에 양반다리로 앉아 있는
그녀와 다시 마주할 것이다

괜찮습니다

부엌 귀퉁이에 모아 놓은
음식물쓰레기로 초파리가 꼬여 듭니다
80년대까지 초록색이던 초파리가 지금은 검은색입니다
집집마다 초파리가 들끓어도
사람들은 내놓고 말하길 꺼리기만 하고
예나 지금이나 초파리에 맞서는 내 무기는
무저항의 저항입니다
단내 나는 음식물쓰레기를 냉장고에 보관하며
무더위가 끝나기를 기다리지만
초파리는 호시탐탐 냉장고 안까지 노립니다
초파리의 탐욕은 대를 이어 비대해지겠지만
죽치고 앉아 스포츠 경기나 영화를 보며 낄낄대다 보면
시원한 바람은 불어올 것이고
다시 초록색 초파리가 창궐한다 해도
음식물쓰레기를 냉장고에 보관해야 하는
불편쯤은 참을 수 있으므로
아직, 괜찮습니다

이태원

늦은 밤
해밀턴 호텔 뒷골목을 서성이며
백묵보다 희고, 어둠보다 검은
군복 목덜미에 매달리는
짙은 화장의 여인들을
창문 틈으로 지켜보는 사이

헤이 맨, 컴온……
새벽까지 선잠 들게 하던 말들 사이

소년의 마징가 제트는
시들시들해졌다

명동성당을 지나며

붉은 벽돌이
비를 맞으며 오돌오돌 떨고 있다
집회 장소로, 술집으로 손목을 끌던 사람들은
밤비 속으로 자취를 감추고
기억하지 않을 말과 구호가 난무하던 거리는
고양이도 까마귀도 울고 갈 뿐
바닥에 드러누운 전단지의 빨간 전화번호가
선거 벽보 속 얼굴처럼 섬뜩하다
최루탄에 쫓기던 사람들의 피난처,
울분이 스크럼을 짜고 함성이 종주먹을 내질러
어둠을 걷어낸 듯 보였지만, 살기 위해서
살아보려고 눈 감고 귀 닫는 사이
세상은 돌이킬 수 없이 허물어졌다
타락한 자는 타락을 모르고 눈물을 흘리지 않는다
속이 텅 빈, 철탑 꼭대기의 십자가는
대신 울어주기에 너무 늙어버렸다
눈감은 자여,
촛불은 비를 멈추게 할 수 없다

얼어붙은 땅을 녹일 수도 없다
매립된 진실에서 꽃이 피길 기다리지 마라
깜깜한 비는 그칠 줄 모르고
낡은 구두들이 눈을 껌벅거리며
명동역 지하 계단을 내려가고 있다
깨어 있는 자여,
밤에도 우리는 깨어
희망 한 움큼 쥐고 어깨를 걸어야 한다
그리고 바라보아야 한다
침몰했던 진실이 드러나는 날
어둠의 정수리를 뚫고 심장으로 내리꽂히는
정의의 시퍼런 창(槍)을

오송(五松) 오 년

일상은 잘 짜진 각본처럼 편평했다
철마다 꽃들은 알아서 피다 지고
밤마다 풀벌레가 짝을 더듬느라 몸살 앓아도
식약처 건너, 짓다 만 호텔의 골조는
녹 냄새를 부끄러워하지 않았다
은행나무가 퍼질러 놓은 가을이 사라질 무렵
청둥오리는 북쪽에서 왔다가 겨울을 몰고 떠나갔다
아침에 잠시 달궈진 거리는
젊은이들이 시멘트 건물로 빨려들어 간 뒤
바람 한 점, 햇살 한 줄 붙잡지 못하고 침울해 있었다
해가 객혈을 토하며 서쪽으로 넘어가면
술집의 네온사인은 유혹을 풍기며 안간힘을 썼지만
젊은이들은 도망치듯 집으로 스며들었다
거리는 어둠이 이불을 펴기도 전에 빠르게 식고
나는 물비린내 피는 호숫가를 배회하며
고개를 처박는 백로를 지켜보곤 했다
가로등만 게슴츠레한 눈을 비비며
도둑맞을 것 없는 오송의 밤을 지키고 있었다

각본은 이제 가물가물하지만
그날의 냄새가 몸에서 흘러나오곤 한다
지우개로 지워도 희미하게 남아 있는
꾹꾹 눌러쓴 글자처럼

최면에 걸리다

할머니의 주름진 입꼬리에서 흘러나온
그놈 못해도 장관은 될 상(像)이다
그 한마디에 최면은 걸리기 시작했다
엄마 젖을 물 때도 잡곡밥을 넘길 때도
대들보처럼 묵직한 것이 목에 걸려 따끔거렸다
수재라는 말을 들을 때마다
어깨에 얹힌 돌덩이는 점점 커졌고
인기 학과는 아니지만 제일 좋다는 학교에 들어갔을 때
아버지는 마을 어귀에 현수막을 걸었다

나라의 앞날을 짊어지기라도 한 듯
시위에 앞장서는 선배와 눈 맞추지 않고
표준말을 쓰는 동기와 지내는 동안
시골집 금 간 유리창이 자꾸 떠올랐다
사법고시와 행정고시를 기웃거리다 몇 년을 까먹고
도망치듯 군대에 다녀온 뒤
그럴싸한 대기업에 들어갔을 때
아버지는 동네 어른들께 술을 대접했다

대리부터 임원까지
윗사람의 심기와 동료의 눈치를 살피며
야근을 밥 먹듯이 했지만
한 걸음씩 늦게 올라간 부장이 사다리의 끝,
글로벌 금융위기 때 지방에 있는 회사로 옮겨
허드렛일도 마다하지 않으며 지낼 때
사장이 무심코 던지는 한마디에도
행간을 해석하려 애쓰며 비 맞은 낙엽처럼 지냈다

얼마 전 동기 모임에서
지위 자랑, 돈 자랑 들어주느라 힘들었다는
친구의 주름진 입꼬리에
최면에 걸리게 했던 말들이 부끄럽게 걸려 있다

어느 하루

가방 속 노트북에 저장되어 있는 어떤 흔적인지
거리에서 나를 붙잡고
죽음을 기쁘게 기다리자고 말하던 여인인지
아득함 아니 어떤 슬픔 같은 것이
등에 업혀 고개를 파묻고 있다
야근한 뒤 허름한 식당에서 먹던
쫄면 같은 것이 들러붙어 떨어지지 않는다
현관문의 비밀번호를 누를 때
아무 소리도 들리지 않았다고 느낀 날은
어제보다 가벼워진 꿈이
방구석에 웅크린 채 알은체하지 않는다
서둘러 텔레비전을 켜고
오늘 일어났다가 사라진 구름과
맛없는 세 끼 음식을 생각하는 밤,
초침 소리를 떨쳐내느라 뒤척이는 사이
낮은 포복으로 아침이 다가온다

창밖에서 손짓하는 희망은

구겨진 셔츠와 해진 신발로 문을 나서는

화장(火葬)을 기다리는 주검

여자의 눈물

사내에게 배신당하고
여자가 흘리는 눈물은, 그것이
베갯머리 눈물이든
시도 때도 없이 터지는 눈물이든
사내 이름을 성(城) 안에 들여놓고
제 몸에 상처를 내는 것이다

눈물 앞에서
사내의 변명은 늘 중심을 벗어나기 일쑤어서
제 양심만 따끔거릴 뿐
다친 마음은 다독이지 못한다
문을 열어보려고 해도
자물쇠를 채운 뒤 실마리만 슬쩍 내비칠 것이므로
사내는 슬픔의 깊이를 어림짐작만 하다가
제풀에 지쳐 나가떨어지고 말 것이다

먼지 낀 사내 이름을 닦을 때마다
배신의 기록이 떠올라 눈물짓지만, 사내는

여자의 눈물은 그렇고 그런 거지,
아무 일 없다는 듯
살아갈 것이다

환여횟집

끄물끄물한 날에는
멀리서도 찾아가고 싶은 곳
해수욕장의 고운 모래와 손잡고 있는
영일대 지나 두호항 못미처
거기,

바닷물고기의 흰 살과
채 썬 배와 오이, 과일 육수와 어울린
물회,
한 그릇 비우고 싶다

영일만을 옆에 앉혀놓고
뜻대로 되지 않은 하루를 내려놓고
그리운 사람을 생각하며
도다리,
그 하얀 탄력을 음미하고 싶다

떠올리기만 해도

가슴 두근거리게 하는
환어횟집,

그곳에 가고 싶다

저녁놀이 호수 깊이 빠져들던 날

서른 해 전 내 그리움,
눈썹 올올 그대로 찾을 수 있을까

진달래꽃,
알 수 없는 산기슭으로
조심조심 번져가던 봄날

알 듯 모를 듯 한마디에 얼굴이 붉어지고
시집 한 권 건네받고는 구름처럼 부풀었는데

저녁놀이 호수 깊이 빠져들던 날

오리배를
손 꼭 잡고 탔을까
눈동자만 흔들리다 말았을까

제3부

꽃댕강나무

흰 무명옷 입은 백성들
새 길 열고자 만석보 터뜨리고
백산에 모였네

척왜척양(斥倭斥洋)
뜻 세우고 서울로 올라가던 길
우금치 고갯마루에서
화약바람 맞고

댕강, 댕강, 댕강……

하얀 목 꺾인 자리
울음소리 붉었네

멸치

작업복에 배인 고단한 하루가
백열등 불빛을 둘아눕게 하는 밤,
대폿집에서 마주 앉은 그대
섬 사이를 돌고 도는 생은 누추하다고
스스로를 공돌이라 부르며 짓는 쓴웃음이
마른 멸치 같다

흐릿하게 흔들리는 그림자를 연민하는 것 말고
말라붙은 눈물 자국 바라보는 것 말고
어깨를 일으켜 세울 힘이 내게는 없다
하지만 기름때 찌든 작업복을 벗으며
남루한 지느러미에 진저리 치고
억세지는 절망을 바라볼 때마다
실패의 기억이 가시를 깨워 찔러온다 해도
그 아픔으로 등뼈 곧추세울 수 있다면
상흔이나마 추진력 삼아 먼바다로 물 밀어가야 한다

태평양 끝까지 나아가

고래 무리 사이에서 헤엄치고 있는
저, 멸치 한 마리

미련

내민 손 뿌리치고 떠난 인연은
늘 가래 같은 미련을 남겨놓습니다
이불을 들썩일 때 홑청 틈새를 비집고 나오는 솜털처럼
불쑥 머리를 내미는데
괴로운 까닭은
의지만으로 뱉어버릴 수 없기 때문이지요

멀리 가버린 걸 알면서도
희미한 촛불 하나 들고 캄캄한 동굴 속을 헤맵니다
늘 알 듯 모를 듯
나가는 길은 찾을 수 없고
보이는 건 어지럽게 찍어놓은 발자국
허전한 손, 그리고
모난 생각만 목에 걸린 가시처럼 따끔거립니다

내 눈길이 오래 머물던 곳에선
뽑아도 돌아서면 어느새 싹을 내미는 잡초처럼
착 달라붙어 있던

그 몹쓸 놈이 기어 나온다는 걸
나 진작 알고 있었지요

활활 타오르던 장작불 앞에 쭈그리고 앉아
허전함을 채울 무언가를 찾아
식어가는 잔불을 뒤적여보지만
숯은 점점 작아지고 타다 남은 재만 쌓여갑니다

노상 방뇨

택시를 세워둔 채
잡초 우거진 공터에서 구부정한 모습으로
오줌을 누는 운전사를 보았을 때

아내는 대낮에 저럴 수 있느냐고
눈을 흘겼지만
절박한 요의(尿意) 앞에서 공중도덕이나 수치심이
얼마나 하찮은 것이냐며
운전사를 두둔하다가

택시에 엉덩이를 물린 채
때로는
후미진 골목의 전봇대나 담벼락을 마주 보았을
아버지의 구부정한 등을 떠올렸는데

볼일을 마치고 돌아서는 얼굴이
서산 마애불 같았다

말뚝망둥어

짠내가 역겨워질 무렵
나는 바다를 버렸다

바다도 뭍도 아닌 개펄에 머물며
지느러미를 떼어버리지 못하는 것은
한 줌 미련 때문일까

상처 난 개펄에
그리움을 박은 채 수평선을 바라보면
사랑했던 기억이 아가미에 고인다

뜀뛰고 배밀이하던 시간이
뻘에 파놓은 구멍처럼 아득한데

눈을 깜박이며 더듬는 바다,
그리움이 말라간다

백수와 눈치

백수가 되었다
회사의 구석구석에서 불어오는
불안을 업고 두리번거리다가 평생 도반(道伴)인
눈치의 조언을 받아들였다

늦은 아침까지 침대에서 뒹굴 때
눈치도 이불 아래 푹 퍼진 채 편안함을 만끽한 지 한 달 남짓,
백수의 출발을 격려하던 전화도 뜸해지고
다른 회사의 러브콜을 받게 될 것이라는 기대도
시나브로 사그라지면서 눈치가 빠끔히 고개를 들었다
생활고를 들먹이던 아내가 일자리를 얻어 출근하자
눈치는 이곳저곳 곁눈질하기 시작했다
직업훈련기관을 기웃거릴 때 안정을 찾는 듯 보였지만
여기저기 헐거워졌다는 검진 결과를 받은 뒤
집에 틀어박혀 눈치도 물렁물렁해 갔다

아내가 퇴근해 왔을 때 반짝 정신을 차리는 눈치,
식탁에 마주 앉은 아내와 데면데면하며

오물오물 말을 삼켰다

백수가 된 지 석 달,
노트북에 종일 눈치를 박아둔 채
멍하니 밖을 내다보는 일이 잦아지며
눈치도 하얗게 굳어갔다

보고 싶었습니다

공과대학 30동 5층 강의실로 들어가는
스무 살 그대
아침 9시 정각, 교수님 손목시계의 명령으로 잠긴
유기화학 강의실에서는 쪽지 시험에 당황하기도 하고
저녁 6시가 지나도 끝나지 않는 물리화학 수업에 속앓이도
했다
교내 곳곳에서 최루탄이 굴종을 강요할 때
뾰족한 함성을 내지르다가
주먹 움켜쥐고 분노를 억누르기도 했다
젊음이 벚꽃처럼 터질 때에도 우리는
도시락 가방을 메고 학사경고의 칼날을 피하려고
중앙도서관으로, 강의실로 종종걸음쳤다
실험실에서는 군홧발 같은 수은(水銀)에 놀라고
어설픈 사랑으로 가슴앓이하다가
감당할 수 있을 만큼의 꿈을 품고
교문 밖으로 뿔뿔이 흩어졌다

40년의 바람이 구름에 흩어지는 동안

사라진 꿈이 그리워 속울음을 삼키던 낮과 밤

환갑 고개를 넘고 있는 늙수그레한 우리,
상처로 얼룩진 몸뚱이로 모였다

이동현상의 문제들은 가만히 놓고 들여다보면 답을 알 수 있다던 분
열역학 시험 점수를 받을 때마다 공포에 떨게 하던 분
유체역학보다 미식축구 규칙을 더 재미있게 알려주던 분
단위공정을 조곤조곤 강의하던 분
마흔 해, 생을 마치며 여한이 없다던 분의
생생한 목소리

공대 깡통식당에서 먹던 250원짜리 짜장면발은
우리 인연처럼 질기게 뱃속에서 꿈틀거리는데
그대,
어디서 무엇을 하며 살았습니까

백내장(白內障)

도리질할수록
너는 또렷이 나타났다

투명하던 꿈이
잡동사니로 오염되며 뿌예졌다

처음으로 돌아갈 수 없다는 걸 알기에
체념하다가도
한쪽 눈으로 번갈아 희망을 더듬으면
가늠할 수 없는 안개,

거침없이 쏟아지던 우주가
하얗게
사라지고 있다

변한 것은 없다

옆 친구가 함정에 빠져 사라져도
잠시 움찔하고는 모이 쪼기에 열중하는 새를 보다가
전동차와 안전문 사이에 끼어
생수 제조회사 제품 적재기 벨트에 끼어
화력발전소 컨베이어벨트에 끼어
사라져간 젊음이 떠올랐다

자본주의가 감추고 있는
이윤의 이빨에 숨통이 끊긴 목숨 앞에서
사람들은 촛불을 켜고 꽃다발을 바친 뒤
안타까운 죽음이 더는 없어야 한다,
똑같은 다짐을 하고 눈물 한 바가지 흘린 뒤
뿔뿔이 흩어졌다

5년이 지나고 10년이 흘렀지만
아무것도 변한 것은 없다
순장시키지 못한 절망만이
새대가리 같은 건망증을 조롱할 뿐

은퇴의 효능

깊게 생각하지 않아야 문제가 없는 나날이었다
아침마다 정해진 곳을 가야 했으므로
출근길에 올려다본 하늘이 떠나버린 사람 얼굴 같은 날에도
바다를 보러 갈까 고민한 적이 없었다
불어난 강물에 떠내려가는 돼지처럼
하루하루가 지나갔으므로
한 권의 책을 읽지 않으면서도 자괴감 따위로 괴로워하지
않았다

아침마다 실행하던 소집명령을 따르지 않기로 한 뒤,

깊은 생각에 젖을 수 있어 좋다
길에서 본 민달팽이는 자주 이사를 다녀야 했던 어린 시절
을,
시커먼 개미는 택시를 운전하던 아버지의 어둠을 생각하게
한다
비 내리는 날은 어머니 무덤이 떠내려갈까
울어대는 청개구리처럼 혼자 사는 어머니를 걱정하고

하루하루 돈 한 푼 벌지 않으면서도
자책감 따위에 시달리지 않는다

자반고등어

바다의 어둠이 좋았다
물결을 타고 다니며
거짓과 속임수의 무늬를 온몸에 그리는 사이
내장에 차곡차곡 죄가 쌓이고
죄의 무게에 눌려 조금씩 가라앉던 삶,
바다는 언제나 어두웠으므로
비밀은 결코 드러나지 않을 거라는 믿음이
야금야금 영혼을 갉아먹었다
어느 날, 그물에 걸려 환한 세상으로 나와
바다에서 벌인 일이
영사기 필름 돌아가듯 떠올랐을 때
혀를 깨물어야 했다
내장과 부레를 가득 채운
생의 찌꺼기마저 남김없이 까발려지고
소금에 절여져
좌판에서 조리돌림당하는 몸뚱이여

황복(黃鰒)

젖 냄새 더듬어
강줄기 거슬러 오르면
자맥질하던 너럭바위 나올까

물소리도 흙냄새도 그대로인데

강바닥엔 온통
황금빛 몸뚱이를 탐하는 그물 천지다

미지근한 혀가 살을 핥는 악몽으로
흠뻑 젖은 새벽

젖은 꿈

화분에 심은 파가
쑥쑥 자라
뭉툭하게 맺어 놓은 꽃봉오리

선데이서울의 표지모델을 꿈에서 만난 날
내 모습 같다

그날은
끈적거리는 당황과 뭉클한 감격이 엉겨 붙어
수염 한 올 없어도
어른이 된 듯 야릇했는데

화분 속에서는 이룰 수 없는
아지랑이 같은 꿈
한눈팔지 말라고
싹둑 잘라버렸다

이후

젖은 꿈은
황홀한 비밀이 되었다

풀벌레

풀밭에서
열쇠 벼르는 소리가 들려온다
이리 깎고 저리 다듬느라
손끝마다 굳은살이 박였을 것 같은데

맘에 드는 자물통을 열어보려고
열쇠를 갈고 닦으며
미로(迷路)를 헤매던 날이
내게도 있었다

제4부

께름칙하다

서울문화재단의
예술창작활동지원사업 지원 금액이 무려 천만 원이다
시집을 발간하고도 폼나게 한잔 살 수 있는 액수에 끌려
이틀 동안 끙끙대며 시집을 소개하고
60여 편의 자작시를 첨부한 신청서를 제출하고 나니
이른 아침 풀죽은 모습으로 일하러 나가던 딸이 떠올랐다
여덟 시간 동안 허드렛일을 하고 받는 일당이 팔만 원,
시 한 편이 이틀 치 일당이니 수지맞는 일이라고 해야 할까
시 편편이 딸의 노동에 부끄럽지 않은지
진지하게 묻거나 답하지 않은 채 선정이나 된 듯
계산기부터 두드린 휑뎅그렁한 마음,
지원한 사실이 알려질까
께름칙하다

남한산성

눈 내리는 이배재,
말발굽 소리가 들려 돌아보니
오그라붙은 거시기 두 쪽 부여잡고
헐레벌떡 숨어드는 곤룡포가 보였다

언 손으로 움켜쥔 삼지창 끝에서
백성들의 원성이 핏빛으로 끓어오를 때
곤룡포는 명(明) 황제에게 망궐례(望闕禮)를 행하고
관복(官服)의 목구멍에서는
구린내 나는 소리만 기어 나왔다

홍이포탄이 성벽에 박힌 뒤
홍타이지의 비웃음 아래
납작 엎드려 이마를 찧으며 목숨을 구걸한
이종(李倧),

그 치사한 몸뚱이가
47일 동안 흘린 냄새가 역겨운지

바람도 코를 막고 지나가는데

나는 곤룡포를
불구덩이에 내던지고 싶었다

능소화

미지근한 봄바람에
앞다투어 얼굴 내미는 꽃들이
못 미더운 것이다

비바람과 무더위 견뎌낼 뚝심이 있어야
꽃 피울 자격이 있다고
말하고 싶은 것이다

고개 꼿꼿이 세운 채
담벼락 타고 넘으며 버텨온 여름

마침내 바닥에 떨어져 뒹구는
내 야윈 가을에
주황빛 위로,
전하고 싶은 것이다

다보탑

고등학교 수학여행 때
불국사 다보탑 앞에서 친구들이
십 원짜리 동전 속 탑이라며 신기해할 때
나는 기말고사에서 일등 하게 해달라고
탑을 돌며 빌고 또 빌었다

다시 다보탑 앞에서 합장을 하다가
흉허물없이 만나는 고등학교 동창이 없는 것은
그때,
공부만 아는 좀생이와
절친이 되지 않게 해달라고 빌고 빈 녀석들이
무척 많았나 보다

탑을 돌아 나오는 발걸음이
아프다

로버트 팰컨 스콧

최초라는 수식어를 이름 앞에 붙이려고
눈에 불을 켜는 사람들이 있습니다
당신도 남극점에 도착한
최초의 사람이 되고 싶어 배를 띄웠지요

눈보라를 뚫고 도착한 남극점,
노르웨이 국기가 펄럭이고 있어서 상심이 컸습니까?

극한의 추위와 굶주림으로 죽음의 문턱을 넘은 당신을
영국 신사다운 품위를 지킨 이로 추켜세우는 것이
무슨 위안이 되겠습니까

마지막까지 쥐고 있던 일기를 읽으며
동상 걸린 손으로 하루하루 쌓아야 했던 절망,
 최초라는 빛을 잃고 돌아오는 발자국의 무게를 가늠해 봅니다

억겁의 시간도 지우지 못할 탐험정신으로

눈물짓게 하는 이름,

로버트 팰컨 스콧

---

*로버트 팰컨 스콧: 영국의 해군 대령. 1912년, 노르웨이 사람인 아문센보다 약 한 달 늦게 남극점에 도착한 뒤 돌아오는 길에 이상기후로 대원 5명 전원이 사망함.

딱따구리

쭉쭉 뻗은 나무에 올라타
갈색 단추를 풀어헤치자 드러나는
뽀얀 속살

구멍을 열어주며 질끈 눈 감는 나무,

불꽃 같은 환상은 한순간에 사그라지고
떠난 구멍은 언제나 폐허다

이 나무 저 나무 옮겨 다니는 동안
청아한 목탁 소리도 들려오고

부드러운 목질을 향한 목마름은
나를 움직이게 하는 힘

환희의 정수리에 오르고 싶어
원시림을 찾아 날아간다

몽당연필

까만 마음을 품고 태어났다
글자와 숫자를 하얀 세상 위에 펼치는 동안
칼날에 베이고 뚝뚝 부러지는 아픔을 견뎌야 했다
고사리손이 버팀목이 되어주지 못할 즈음
몸은 야위었어도
중심에는 혈기가 살아 있어
볼펜 껍데기에 의지한 채 최선을 다했다

깍지조차 붙들 힘이 사라지면
홀가분하게 벗어버리자,
서랍 한구석에 자투리 마음을 내려놓는다

올망졸망, 도토리 같은 얼굴들
서랍을 열 때마다 아이들의 재잘거림이
와글와글 몰려나온다

약속

빈소를 지키는 중에도
끼니때가 되면 어김없이 배가 고팠다
제단의 국화가 빈약하다는 수군거림에
누나는 어두운 표정을 지었고
십 년 만에 나타난 먼 친척은
자랑스럽지 못한 아버지의 과거를 떠벌렸다

엄숙한 얼굴로 들어온 문상객들은
서둘러 조의를 표한 뒤
돼지고기 안주로 소주를 마시며
선거와 아파트 값에 대해 이야기하다 돌아가고

사람 사는 게 다 그런 거지
인생을 달관한 듯 벽에 기대 눈을 감았다

깜박 졸고 있는데
영정 속 아버지가 나를 부르더니
눈치 보지 말고 하고 싶은 것 하며 살아라

네,
나는 큰소리로 대답했다

사랑의 불시착

  진달래가 터트린 꽃망울, 낯선 도시까지 찾아온 진심을 헤아리지 못하고 당신을 밀어내고 말았습니다 사랑은 동전을 넣으면 다시 시작할 수 있는 게임 같은 것이라고 생각했습니다 몇 번의 사랑이 꽃샘추위처럼 왔다 가는 사이 싹튼 그리움은 벚꽃길을 걸으며 웃던 당신에게 나를 데리고 갔습니다 겨울비가 오거나 봄눈 퍼붓는 날에는 고속버스에 오르던 뒷모습이 떠올라 눈물 글썽이며 모질었던 나를 용서해 주기를 바랐습니다 머리카락 희어지고 잔병치레 잦은 요즘, 비 내리는 밤이나 안개 짙은 새벽이면 묵직한 돌덩이가 명치에 얹힙니다 철부지가 일으킨 난기류, 불시착한 사랑이 소용돌이를 일으킵니다

살구

살구가 발그레 익어간다
발가벗겨 씻기려는 엄마 손을 뿌리치고 도망가던
열두 살 소년처럼

시창작교실

주마다 한 차례
고집이라는 화약을 불통에 쟁이고
줄레줄레 모여들지요

시를 합평할 때는
윤동주, 김소월의 혼이 빙의되어
연과 행의 가름, 제목과 시어가 적절한지
구석구석 돋보기를 들이대지요
티끌이라도 걸리면 군더더기다, 어울리지 않는다
기어이 수정하는 걸 봐야 직성이 풀리지요

내 시가 올라오면 자세부터 고쳐 앉고
수틀리는 순간 심지에 불을 댕기려고
주머니 속 성냥을 만지작거리며
뱁새눈으로 경계 태세에 돌입하지요
머리털을 곤두세우고 토씨 하나 건드리지 못하도록
온갖 방어기제로 게거품을 물지만

방장(方丈)이 내리치는 죽비로
몽상은 단박에 깨지고
미련은 여지없이 잘려나가
낯선 시만 덩그러니 남아요

붉으락푸르락하던 얼굴이 순해질 즈음
아군도 적군도 없던 문이 열리고
시 하나 거머쥔 채 허청허청 교실을 나서면
먼 길 가야 할 풋내기,
표정은 담담해도 속이 쓰리지요

손편지

철제대문을 드나들 때마다
우편함을 열어보던 때가 있었다
시와 노랫말에서 그럴듯한 구절을 가져와
몇 번이나 고쳐 쓴 손편지를
그녀의 집으로 보내며 가슴 떨리던 기억
기다리다 받은 편지를 읽고 또 읽으며
펜을 쥐었을 손가락의 온기와
내 그림자의 농도를 어림하면서 밤을 꼬박 새웠다

색바랜 가죽가방을 둘러메고 사라진 우체부처럼
말랑말랑한 편지를 보내던 시절이
돌아올 것 같지 않아 서글퍼지는 밤,
사는 동안 스며든 말과 상처와 시 두어 편 넣어
길고 긴 편지를 써야겠다

숨죽이고 있던
그녀를 일으켜 세워야겠다

우리의 소원은 통일

휴전선 북쪽에 사는 사람이 남쪽으로 쳐들어올 거라고 호들갑 떨던 시절이었어요 툭하면 밤에 등(燈)을 끄는 훈련을 하면서도 학교에서는 '우리의 소원은 통일'이라는 노래를 가르쳤지요 훈련 공습경보가 울리면 "불 꺼요" 소리치는 민방위 대원의 구둣발 소리가 어지러웠어요 그날은 천장을 휘젓던 시궁쥐도 얼어붙고 별도 숨을 죽인 채 눈만 말똥말똥 뜨고 있었지요

시궁쥐와 별을 볼 수 없게 되었기 때문일까요

더 이상 북쪽에 사는 사람이 무섭지 않아요 등을 끄는 훈련 따위도 하지 않지요 그리고 '우리의 소원은 통일'이라고 아무도 말하지 않아요

오늘도

누구나 들어본 대기업은 아니지만
같은 분야에서 일하는 사람은 알만한 회사,
눈칫밥이 더는 싫어서 그만둘 때는
두어 달 뒹굴뒹굴 놀다 보면
여기저기서 모시겠다는 제안이 올 줄 알았다

퇴사한 지 일 년,
작은 회사조차 입질이 없고
삼십여 년 동안 연금 같은 용돈을 꼬박꼬박 받아 쓰던
어머니와 장모의 관심이 기웃거릴 때마다
마음에 시베리아의 찬바람이 인다

인재중개회사 홈페이지에 이력서를 올려놓고
오늘도 기다리지만
최고의 전문가라는 자존심은 맥이 빠지고
팔리지 않는 경력에서 군내가 올라온다

귓속에 웅크린 청각 세포만 예민해져

모르는 번호로 휴대폰이 울리기라도 하면
말초혈관에 늘어진 기대를 심장으로 몰고 가
두근두근 뛰게 한다

다소 낭만적인 질문

왈츠를 추듯
발목부츠를 신고
벤츠에 오르는 여자를 보았네

문득
낙엽이 내려앉은 벤치에 앉아
그 여자만 들을 수 있는 소리로 묻고 싶었네

가을하늘은 왜 슬퍼 보일까요?

십 년이 지나고 이십 년이 흘러도
나만 들을 수 있는 소리로 웃어줄 것 같은
그 여자에게 묻고 싶었네

해설

다소 낭만적인 질문에 대한 다소 낭만적인 답변

장예원(문학평론가)

> 조용히 기다려라 그리고 희망없이 기다려라
> 왜냐 하면 희망은 그릇된 것에 대한 희망일 것이기 때문이다.
> 모두 괜찮아질 것이고, 모든 것이 괜찮아질 것이다.
> ─ T.S 엘리엇, 「네 개의 사중주」 중에서

1. 어떤 사내의 모습에서 슬픔을 엿보다

윤성관 시집 『다소 낭만적인 질문』을 다 읽었을 때 맨 처음 다가온 직관적인 단상은 "어떤 사내"의 모습이었다. 그것은 시인의 아버지이자 이전 세대의 아버지이거나 이젠 아버지가 되어 노쇠한 자신이거나 시대를 뛰어넘은 우리 대다수의 노곤한 아버지의 모습이었다. "구부정한 뒷모습을 보이지 않으려고/정면으로만 대하는 사내,/한쪽으로 기울고 좁아진 어깨가/고집스럽게 한 방향을 보며 살았다는 것"을 말해주는 사내는 우리 세대 모든 아버지의 표상이었다. 우리도 안다. "화가 난 듯 앙다문 입술이/잃어버린 꿈을 들키지 않으려는 안간힘이라는 것을". 지금은 "미간의 주름에서 외로움이 묻어나는 사내"에게도 "발그레한 얼굴로 별자리 찾던 어린 시절"이 있었다는 것을.

윤성관 시인처럼 철이 일찍 든 자식들은 이러한 아버지의 고단한 삶을 안쓰럽게 여긴다. 그들은 부모에게 의존하며 기대기보다는 부모의 기대를 어깨에 짊어지고 부모보다는 더 나은 삶을 살기 위해 자신의 길을 개척해 나아간다. 가끔씩은 지금껏 선택한 길들을 뒤돌아보고선 스스로 놓아버린 세계가 더 매력적이지 않았을까 자책도 하면서 말이다. 그들은 혹은 우리는 자신과 부모가 상실해 버린 것들을 슬퍼하면서도 그 세계에서는 점점 멀어진다. 이렇듯 성장하면서 부모와는 낯선 타인들처럼 변해가지만 아이러니하게도 이런 상실감 때문에 부모에 대한 사랑이 더 커졌음을 느끼기도 한다. 상실감을 느낀다는 것 자체가 다시 붙잡을 수 없는 시간들에 대해서 성찰할 수 있는 여유가 생겼음을 의미하기 때문이다. "어떤 사내"의 이면에는 이와 유사한 슬픔의 역설이 함축되어 있다.

시인은 시집 전반에 걸쳐 현재의 의식을 투영해서 유년 시절부터 최근까지의 기억과 풍경에 시적인 형식을 부여하고 있다. 그 형식의 근간에는 비교적 일찍 철이 들 수밖에 없었던 고달팠던 어린 시절과 "한평생 일만 하느라/꿈 한번 주머니에서 꺼내 보지 못"(「낙엽」)하고 돌아가신 아버지가 존재한다.

> 윗목 자리끼에 살얼음이 앉은 아침
> 낡은 더블백을 둘러멘 아버지는 걸음을 재촉했고
> 어머니는 내 손을 움켜쥔 채 아버지 뒤를 쫓았다
> 군부대 앞에서 암호 같은 몇 마디가 찬 공기를 얼리자
> 언제 돌아오냐는 내 물음은 목구멍에 걸려 버렸다
> 삶은 다짜고짜 구타당한 졸병처럼 축 늘어졌다
> 어머니는 뜨개질하다가 생각에 잠기다가
> 밤에는 공부 타령으로 가시 철조망을 둘러쳤다
> 꽁보리밥은 허기를 달래기에 턱없이 부족했지만
> 애늙은이는 걱정거리를 주머니에 꽁꽁 숨겼다
>
> 군부대 앞 단칸방에 살던 겨울,
> 올이 성근 털목도리를 두른 여덟 살에게
> 한랭전선은 유난히 차가웠다
> ─「여덟 살」 전문

우리는 무슨 연유로 "윗목 자리끼에 살얼음이 앉은 아침/낡은 더블백을 둘러멘 아버지는 걸음을 재촉했고/어머니는 내 손을 움켜쥔 채 아버지 뒤를 쫓았"는지 알지 못한다. 다만 "꽁

보리밥"과 "허기" 그리고 "군부대 앞 단칸방"과 같은 어휘들로 "구타당한 졸병처럼 축 늘어"진 이 가족들의 넉넉지 못한 일상을 짐작할 뿐이다. 학창 시절 "아버지의 직업과 가전제품의 가짓수와/사는 동네의 공기를 들켜야 하는" 가정환경조사서는 나에게 불편한 서류였을 것이고 북한산 등산로에서 본 "으리으리한 집의 잔디마당"과 흑백 TV에서 본 "캘리포니아"는 동경의 대상이자 나를 위축시키는 "울타리"였다. 그럼에도 "늦은 밤 아버지를 따라 들어오던 깡마른 피로"(『캘리포니아 드리밍』)를 외면하지 못하는 그 시절의 화자는 걱정거리를 주머니에 꽁꽁 숨기며 일찍부터 철이 든 "애늙은이"이다. 그가 할머니의 입꼬리에서 흘러나온 "그놈 못해도 장관은 될 상(像)"이라는 한마디에 왜 최면에 걸리기 시작했는지 "수재라는 말을 들을 때마다" 그의 어깨에 얹힌 돌덩이가 얼마나 무거웠을지 고스란히 전달된다. 서울로 대학을 가서도 어깨에 얹힌 돌덩이는 여전히 가벼워지지 않는다. 표준말을 쓰는 동기와 지내는 동안에도 "시골집 금 간 유리창이 자꾸 떠올"(『최면에 걸리다』)라 마음 한편이 편치 않고 시위에 앞장서는 선배와 눈 맞추기도 쉽지 않다. 그럼 대학 졸업 이후는 나아졌을까? 진로를 결정하기 위한 여러 가지 시행착오 후 뒤늦게 들어간 대기업에서 아랫사람과 윗사람 그리고 동료들의 눈치를 살피며 애썼지만 부장이라는 직급을 마지막으로 회사를 나오게 된다. 이후 들어간 지방의 회사에서도 사장의 말 한마디의 행간을 해석하려 애쓰며 비 맞은 낙엽처럼 지냈다고 시인은 고백하고 있다.

아마도 그 시절의 시인은 맞닥뜨린 하루를 살아내기에도 벅차서 그 하루에 대해 생각할 겨를이 없었을 것이다. 그렇기에 그에게 늦은 나이에 시 쓰기는 생활인으로서 살아가느라 생각할 겨를이 없었던 젊은 날의 자신에 대한 그리움을 해소하는 방법이다. 혹은 자신에게 무정한 듯 무정하지 않았던 세계에 대한 구체화 작업이기도 하다. 세계는 그냥 세계 자체일 뿐이다. 그것이 옳은지 그른지 혹은 옳지도 그르지도 않은지는 "불어난 강물에 떠내려가는 돼지처럼" 지나가 버린 하루하루와 "한 권의 책을 읽지 않으면서도 자괴감 따위로 괴로워하지 않았"던 시절을 시인 윤성관만의 언어로 복원했을 때 비로소 결정된다. 다시 말해, 뭉뚱그려져 흘러버린 경험과 시간이 사유의 여백들을 거쳐서 윤성관만의 의지나 느낌으로 대체된 어휘만큼 세계는 형상화되는 것이다. "깊게 생각하지 않아야 문제가 없는 나날"들을 살아내고 매일 아침 출근을 하지 않아도 되는 지금에서야 "깊은 생각에 젖을 수 있어서 좋다"(「은퇴의 효능」)는 그는 애초에 "다소 낭만적인 질문"을 세상에 던질 수밖에 없는 자이다. 그렇다면 생의 슬픔을 감지하고 "다소 낭만적인 질문"을 던지는 어떤 사내가 바라본 세계는 어떠할까?

2. 세계는 오래전부터 슬펐고 여전히 슬프다

슬픔 하나가
풀벌레 울음소리에 실려 와
명치끝을 누르고 코끝을 찌르다가
심장에 대롱대롱 매달려 있는
묵은 슬픔에 기댄다

오래된 슬픔은 철조망 너머
팬티차림으로 구타당해 늘어진 한국군 곁에 있었고
짙게 화장하고 미군의 목덜미를 기다리는
젊은 여인들과 골목을 서성거렸다
삐라를 뿌리고 구호를 외친 뒤
불을 안고 옥상에서 뛰어내린 젊은이에 대해
슬픔은 더 이상의 증언을 거부했다
살아남은 자는 늘 비겁했다 손바닥 뒤집듯 표정을 바꾸고
거짓과 위선으로 썩은 내를 숨긴 채
앞만 보고 종종걸음치는 그들이 지네 발처럼 징그러웠다
알레르기를 일으키는 물질처럼 가짓수도 정체도 알기 어렵지만
슬픔은 고깃덩어리가 목구멍에 걸리도록 심술을 부리

거나

　기회의 순간에 발기부전을 일으키는 죄의식 같은 것이
었다

　슬픔은 통과의례로 포장하거나

　기쁨과 섞어 희석할 수 없으므로

　심장에 대롱대롱 매달려 숙성되지만

　결코 피와 살이 될 수 없는 슬픔,

　몸통을 실에 묶어 날려 보낸 잠자리처럼

　죽어서야 벗을 수 있는 슬픔이

　너무 오래 살고 있다

─「오래된 슬픔」 전문

　윤성관 시인에게 세계는 오래전부터 슬펐고 여전히 슬픈 공간이다. 인용 시 「오래된 슬픔」에는 그 양상이 구체적으로 드러나 있다. 그가 성인이 되기 전부터 슬픔은 "철조망 너머/팬티차림으로 구타당해 늘어진 한국군 곁에 있었고/짙게 화장하고 미군의 목덜미를 기다리는/젊은 여인들과 골목을 서성거"리고 있었다. 또한 "삐라를 뿌리고 구호를 외친 뒤/불을 안고 옥상에서 뛰어내린 젊은이에 대해" 슬픔은 너무 절망하고 애달픈 나머지 "더 이상의 증언을 거부했다". 슬픈 건 여전히 변함이 없는데 세상은 또 달라졌다. 지금의 세계는 한때 세상을 바꿀 수 있다고 믿었던 연대의 순수함마저 훼손시키고 그것밖에 가진 게 없는 사람들을 무기력하게 만들었다. 1980년대의 연대로 어떤 이들은 권력을 얻고 또 누군가는 돈을 벌었지만 그것조차 손에 쥘 줄 몰랐던 이들이 "살기 위해서/살아보려고 눈 감고 귀 닫는 사이/세상은 돌이킬 수 없이 허물어"지고 권력과 돈을 쥔 이들은 "타락을 모르고 눈물을 흘리지 않"(「명동성당을 지나며」)았다. 오히려 "손바닥 뒤집듯 표정을 바꾸고/거짓과 위선으로 썩은 내를 숨긴 채/앞만 보고 종종걸음"치기 바빴다. "속이 텅 빈, 철탑 꼭대기의 십자가"(「명동성당을 지나며」)도 이젠 낡은 종교적 관념에 불과하다.

그렇다면 비교적 최근의 연대인 세월호 사태 이후의 "촛불"은 우리에게 희망이 될 수 있을까? 시인의 관점에서는 그리 긍정적이지 않다. 세월호 사태에 대해 정부 대책으로 내세운 것들이 그렇듯 그에 대응하는 연대의 양상 역시 의례적인 행위가 될 뿐이다. "촛불을 켜고 꽃다발을 바친 뒤/안타까운 죽음이 더는 없어야 한다,/똑같은 다짐을 하고 눈물 한 바가지 흘린 뒤"(「변한 것은 없다」) 뿔뿔이 흩어져 10년이 지났지만 그가 보기에 변한 것은 없어 보이기 때문이다. 오히려 현재 "용산에서 부는 무도(無道)의 바람"(「오월」)은 시대를 역행하고 있다. 하지만 돌이킬 수 없이 허물어진 세상에 대해서는 그 역시 유죄이다. 그도 "울타리를 치고 줄 세우는 데 혈안인 인간들 틈바구니에서/얼마나 자주 울타리를 기웃거리고/권력에 무릎 꿇으며 아무렇지 않은 듯 웃어야 했던가"(「캘리포니아 드리밍」)라고 자조했던 순간들이 있었으므로. 살아보려고 눈 감고 귀 닫으며 타협해야만 했던 이러한 현실적 유연성은 우리 대다수도 변명의 여지가 없다. 그러나 이 유연성은 세상에 굴복할 만큼 허약하면서도 단번에 굴복하지 않을 만큼의 강함은 가지고 있다. 그 강함은 바로 "통과의례로 포장하거나/기쁨과 섞어 희석할 수" 없는 "슬픔"과 차마 "순장시키지 못한 절망"에서 나온다. 이 감정들은 자본이 강조하는 "피와 살이 되는" 효율성과는 거리가 먼 어휘들이다. 살아남은 자들이 비겁하게 거짓과 위선으로 위장된 위선의 말들을 쏟아낼 때 슬픔은 불을 안고 옥상에서 뛰어내린 젊은이에 대한 증언을 거부한다. 그 젊은이가 짊어졌을 절망과 고통을 함께 앓고 있기 때문이다. 본래 고통은 비언어적이기에 고통을 앓고 있는 이들은 언어를 통해서는 할 일이 많지 않다. 슬픔과 절망은 그 어떤 언어로도 표현할 수 없는 낯선 고통을 진심으로 공감하는 행위이다. 이러한 감정으로서의 멜랑콜리는 나약하고 병리적인 것이 아니라 잘못된 세계에 대한 정직한 대응 자세이자 정서적 결과물이다. 이보다 더 나은 인간에 대한 예의와 위로가 있을 수 있을까? 옳지 못한 세계를 마주할 때 시인은 현실적 처세와 유연성을 발휘하며 모른 척하고 싶어도 온전히 그러지는 못했다. 그 순간마다 "슬픔은 고깃덩어리가 목구멍에 걸리도록 심술을 부리거나/기회의 순간에 발기부전을 일으키는 죄의식 같은 것"으로 작용했으리라. "죽어서야 벗을 수 있는 슬픔이/너무 오래 살고 있다"는 마지막 문장은 슬픔은 그에게 삶이자 운명일 수도 있겠다는 생각을 하게 한다. 그러므로 그가 시를 쓰는 행위는 자신의 운명의 형식을 만들어내는 과정이다. 또한 슬픔의 언어화는 "그 아픔으로 등뼈 곧추세울 수 있다면/상흔이나마 추진력 삼아 먼바다로 물 밀어"(「멸치」) 나아가는 가능성을 기대하게 한다. 그러한 가능성은 모든 인간이 대면해야 하는 존재론적 불안을 견디는 힘이 된다.

3. 이제, 슬픔이 남은 날들을 누추하게 만들지는 않을 것이다

감정이란 너무나 사적이고 주관적인 영역인 데다 순간적인 특성을 지녀서 오랜 시간 이성에 비해 하찮은 것이라 여겨졌다. 하이데거는 많은 사람들이 통상 감정이라고 불리는 것을 기분 또는 분위기라고 부르며 그것의 존재론적 지위를 바로 잡으려 한다.[1] 하이데거에 의하면 기분은 존재의 목소리이며

---

[1] 김동규, 「하이데거 철학의 멜랑콜리-『존재와 시간』에 등장하는 실존론적 유아론의 멜랑콜리」, 『현대유럽철학연구』(19), 2009. 4, 88쪽.

자신을 드러내는 하나의 방식이다. 거시적인 기후 변화가 매일의 순간적인 날씨가 오랜 시간 쌓여서 형성되듯이 순간의 기분들은 주체와 주체를 둘러싼 세계와의 관계에서 보여주는 존재론적 징후가 될 수 있다. 윤성관의 시는 특히, 슬픔의 존재론적 목소리에 귀를 기울인다. 그래서 유년 시절부터 차곡차곡 쌓인 슬픔들을 풀어놓는다. 그것은 가족과 일상에 대한 것이기도 하고 사회와 시대에 대한 것이기도 하다. 이러한 멜랑콜리는 개인의 정서이자 예술적 감수성이기도 하지만 실은 현대 문명 사회와 인간 실존의 본질과 불가분의 관계에 있다. 그래서 그가 슬픔의 존재론적 목소리에 귀를 기울인다는 사실은 현대 사회의 위기를 인지하고 인간이 지닌 본래적인 불안을 회피하지 않고 대면한다는 의미이기도 하다.

> 가방 속 노트북에 저장되어 있는 어떤 흔적인지
> 거리에서 나를 붙잡고
> 죽음을 기쁘게 기다리자고 말하던 여인인지
> 아득함 아니 어떤 슬픔 같은 것이
> 등에 업혀 고개를 파묻고 있다
> 야근한 뒤 허름한 식당에서 먹던
> 쫄면 같은 것이 들러붙어 떨어지지 않는다
> 현관문의 비밀번호를 누를 때
> 아무 소리도 들리지 않았다고 느낀 날은

어제보다 가벼워진 꿈이

방구석에 웅크린 채 알은체하지 않는다

서둘러 텔레비전을 켜고

오늘 일어났다가 사라진 구름과

맛없는 세 끼 음식을 생각하는 밤,

초침 소리를 떨쳐내느라 뒤척이는 사이

낮은 포복으로 아침이 다가온다

창밖에서 손짓하는 희망은

구겨진 셔츠와 해진 신발로 문을 나서는

화장(火葬)을 기다리는 주검

—「어느 하루」 전문

「어느 하루」는 우울한 현대인의 일상과 죽음을 향해 가는 인간의 실존을 있는 그대로 보여주는데, 여기에서 감지되는 "어떤 슬픔"과 우울은 "어떤 사내"의 정서이자 일상일 수도 있지만 사회 문화적이며 시대적인, 그리고 심미적인 정서 표출로도 읽힌다. 시적 주체가 무엇을 상실했는지는 작품 속에 구체적으로 드러나지 않는다. "노트북에 저장되어 있는 어떤 흔적"이나 거리에서 만나는 "죽음을 기쁘게 기다리자고 말하던 여인" 자체가 주체의 본질적인 우울의 원인은 아닐 것이다. 그러나 일상의 곳곳에 우울감을 주는 다양한 요소들이 있다는 사실을 확인할 수는 있다. 아득함인지 슬픔인지 분명하지 않은 그 멜랑콜리는 허름한 식당에서 먹던 쫄면처럼 나에게 들러붙고 야근 후 돌아온 집에서는 어떤 포근함이나 따뜻함, 안정감을 느끼기 힘들다. 추측해 보건대 이제는 꿈을 좇기에도 적은 나이가 아니어서 꿈은 한없이 가벼워지고 멀어진 듯 보인다. 그래서 "어제보다 가벼워진 꿈이/방구석에 웅크린 채 알은체하지 않는다". 서둘러 TV를 켜고 낮 동안 잠깐 본 하늘의 구름을 떠올리고 하루 동안 먹은 맛없는 세끼 음식을 생각하는 밤. 이후 잠을 청해 보지만 불면으로 뒤척이는 사이 다시 아침은 오고 주체는 다시 "구겨진 셔츠와 해진 신발로 문을 나서는" 일상을 반복한다. 이러한 일상에서 희망은 어떤 의미일까? 희망이라는 어휘가 주는 밝음과 기대는 어쩌면 죽음을 향하는 인간 실존을 망각하기 위한 일종의 왜곡일지도 모른다. 누군가는 평생을 그 왜곡에 기대어 살기도 한다. 하지만 윤성관 시인은 삶에서 그러한 왜곡과 포장을 과감히 벗겨버린다. 그 순간에 "창밖에서 손짓하는 희망은", "화장(火葬)을 기다리는 주검"이 된다.

그러나 그도 세계에 대한 환상과 왜곡의 역할에 대해서 모르지는 않을 것이다. 앞서 말했듯 왜곡으로 가득한 일상은 인간의 본래적 실존을 망각하게끔 함으로써 주어진 역할을 다한다. 우리는 매 순간을, 인간의 실존을 대면해야 하는 무거운 존재로서만, 긴장과 불안감을 유지하며 살 수는 없는 노릇

이기 때문이다. 더군다나 현실의 왜곡에는 언제나 왜곡되지 않은 것들이 함께 감추어져 있다. 그것을 인지하면 실존을 망각하지 않으면서도 삶을 있는 그대로 받아들일 수 있는 여유가 생기게 된다.

아무런 맥락도 없이
우리는 세상에 툭, 던져졌다

힘든 하루를 보낸 날은 호수 둘레를 걸으며
흔들리는 갈대를 바라보면 된다
삶은 고단하고 끝은 공평한 것,
호수에 한가로이 떠 있는 청둥오리도
언 논바닥에서 웅크리고 긴 밤을 견뎌야 한다
어제는 터무니없이 아름답게 기억되는 것,
애써 되짚으려 하지 말고
내일은 꽃이 필 것이라 믿으면 된다
아등바등할수록
고여 있던 슬픔이 몸 구석구석으로 퍼져
남은 날들을 누추하게 만들 것이다
바닥의 깊이를 예측하지 않는 물고기처럼
우리는 그렇게
가볍디가벼운 존재로 살아가는 거다

어딘가로 다시

툭, 던져질 때까지

　　　　　　　—「호반을 걸으며」 전문

　우리는 "아무런 맥락도 없이/우리는 세상에 툭, 던져졌"기에 누구에게나 "삶은 고단하고 끝은 공평한 것"이다. 그러니 맥락이 없는 삶을 애써 되짚으려거나 아등바등하지 말 것. 시인은 "바다의 깊이를 예측하지 않는 물고기처럼/우리는 그렇게/가볍디가벼운 존재로 살아가는 거다"라고 말하고 있지만 우리는 안다. 그의 달관한 듯 보이는 저 말 한마디 한마디가 얼마나 지독한 슬픔들을 내면에 가라앉히고 정화한 후에 나온 것인지를. 이제 윤성관 시인에게 부러움의 열망으로 남아 있던 "캘리포니아 하늘을 떠올릴 때마다 열병 도지던 날은 가고 없"으며 그를 "가두었던 벽은 허물어지고/그리움으로 포장했던 욕망도 온데간데없다". 다만 "말라비틀어진 시구(詩句)를 중얼거리는 지금"이 있고 "최고의 날들은 아직 살지 않은 날들"(「캘리포니아 드리밍」)이 남아 있을 뿐이다. 그가 앞으로도 반복되는 상실로 빈곤해진 자아와 생을 마주할 때마다 시를 쓰며 그것들에 대한 애도 과정을 수행하는 모습을 상상한다. 그렇게 다시 "어깨를 일으켜 세울 힘"(「멸치」)을 얻지 않을까? 그렇기에 "고여 있던 슬픔이 몸 구석구석으로 퍼져"도

남은 날들을 누추하게 만들지는 않을 것이다. 엘리엇의 말대로 "모두 괜찮아질 것이고, 모든 것이 괜찮아질 것이다."

시인동네 시인선 239

다소 낭만적인 질문
ⓒ 윤성관

초판 1쇄 인쇄　2024년 10월 1일
초판 1쇄 발행　2024년 10월 8일
　　　지은이　윤성관
　　　펴낸이　김석봉
　　　디자인　헤이존
　　　펴낸곳　문학의전당
　　　출판등록　제448-251002012000043호
　　　　주소　충북 단양군 적성면 도곡파랑로 178
　　　　전화　043-421-1977
　　　전자우편　sbpoem@naver.com

　　　ISBN　979-11-5896-662-1　03810

*이 책의 판권은 지은이와 문학의전당에 있습니다.
*양측의 서면 동의 없는 무단 전재 및 복제를 금합니다.
*잘못 만들어진 책은 바꿔드립니다.